D1746326

Stell' Dir vor, Gott ist wie ...

Sabine Mayerhofer

TAO Art

Impressum
1. Auflage 2015
Copyright: TAO Art, Sabine Mayerhofer
Idee, Text & Produktion: Sabine Mayerhofer
Typografie & Satz: Brigitte Thaler, www.designkonzept.com
Druck & Verarbeitung: Druckerei Marquart, www.druckerei-marquart.de
ISBN 978-3-00-051280-3

Für meine Tochter Clara-Maria

*Stell dir vor,
Gott ist
wie ein Baum ...*

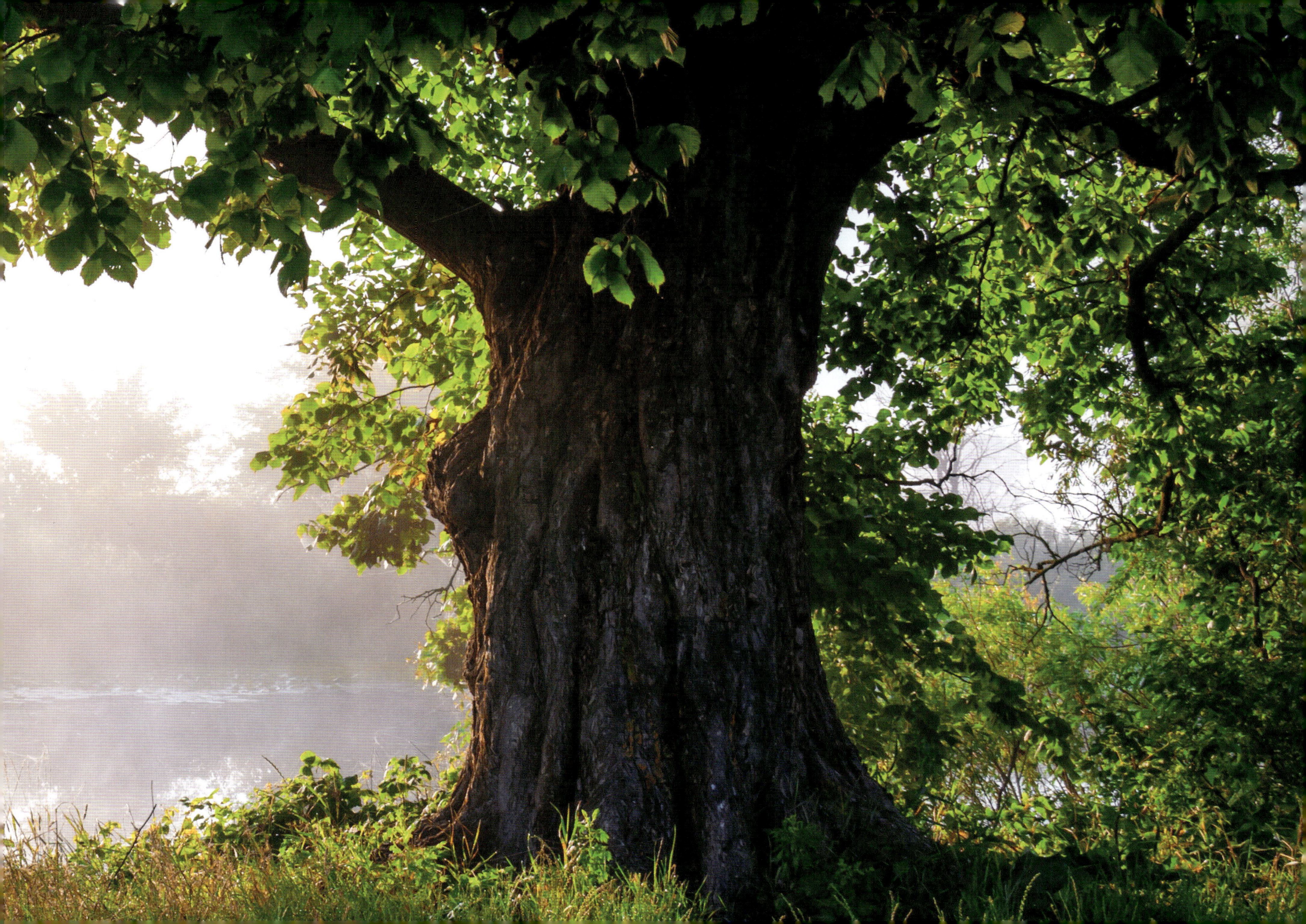

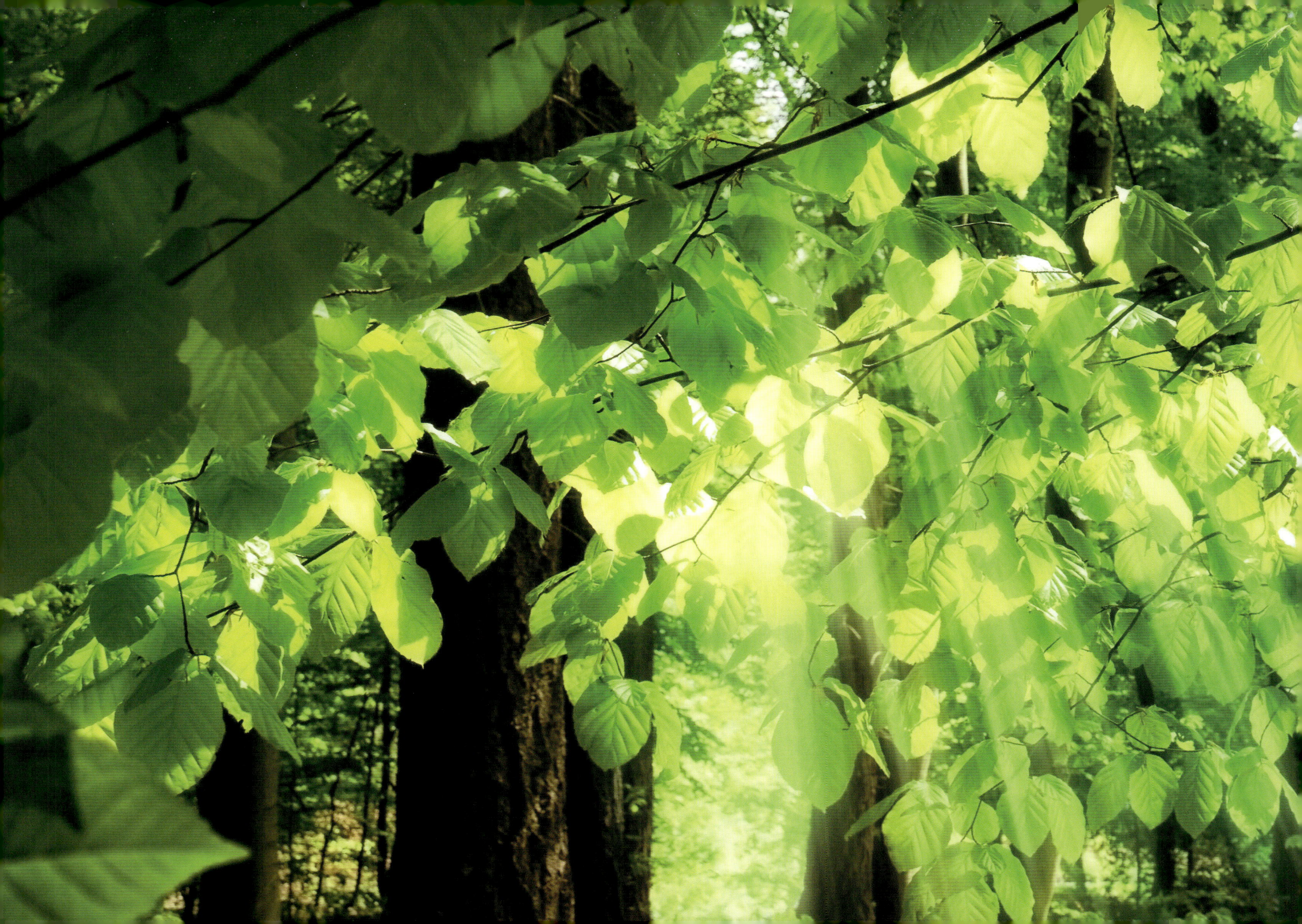

*Der Baum
hat unglaublich
viele Äste.*

*Und daran sind
unzählig viele
Blätter.*

*An welchem
Glaubensast Du
auch als Blatt
hängen magst,
vergiss nie
die Verbindung
über den Ast zum Stamm,
der Dich in Wahrheit trägt.*

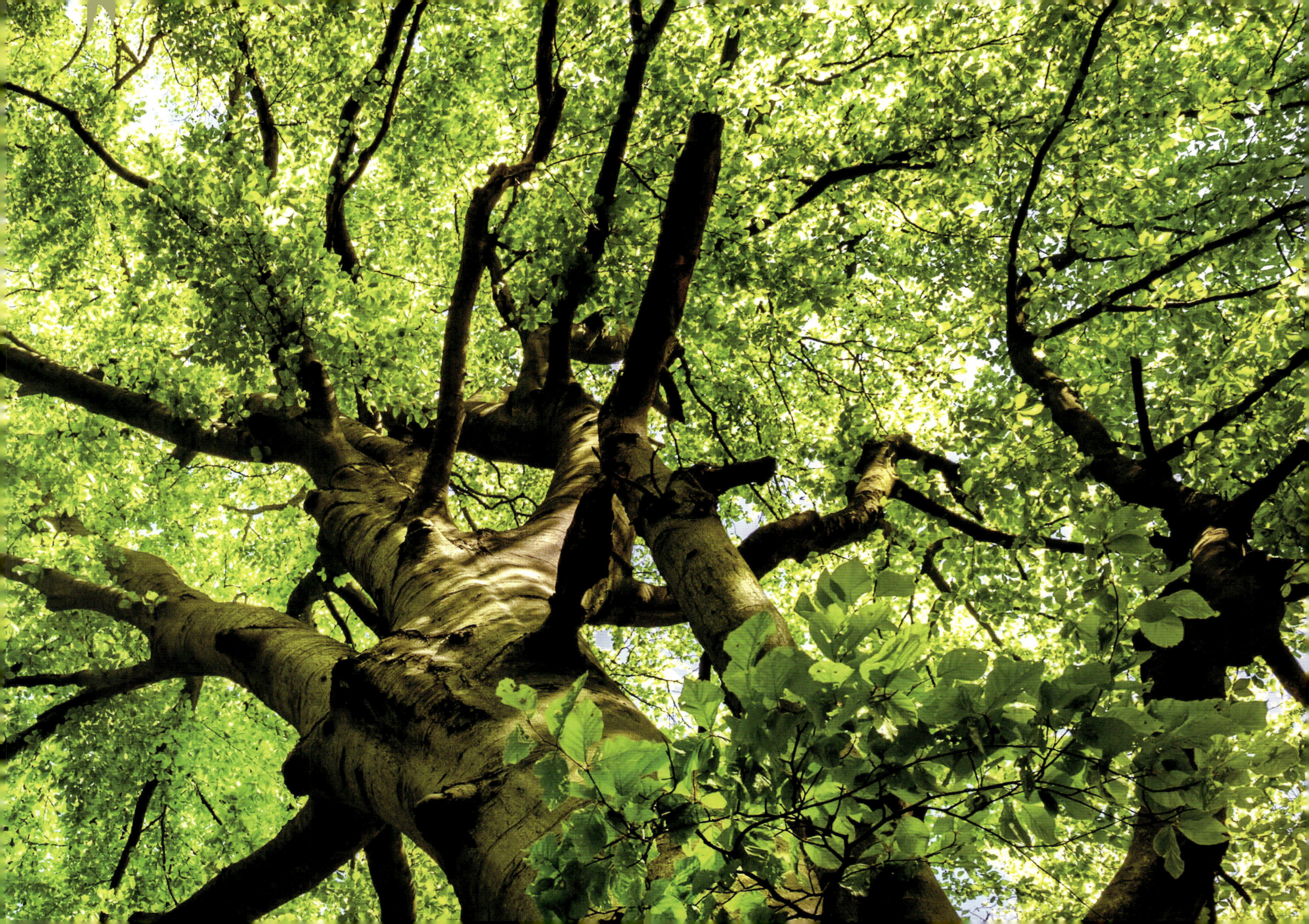

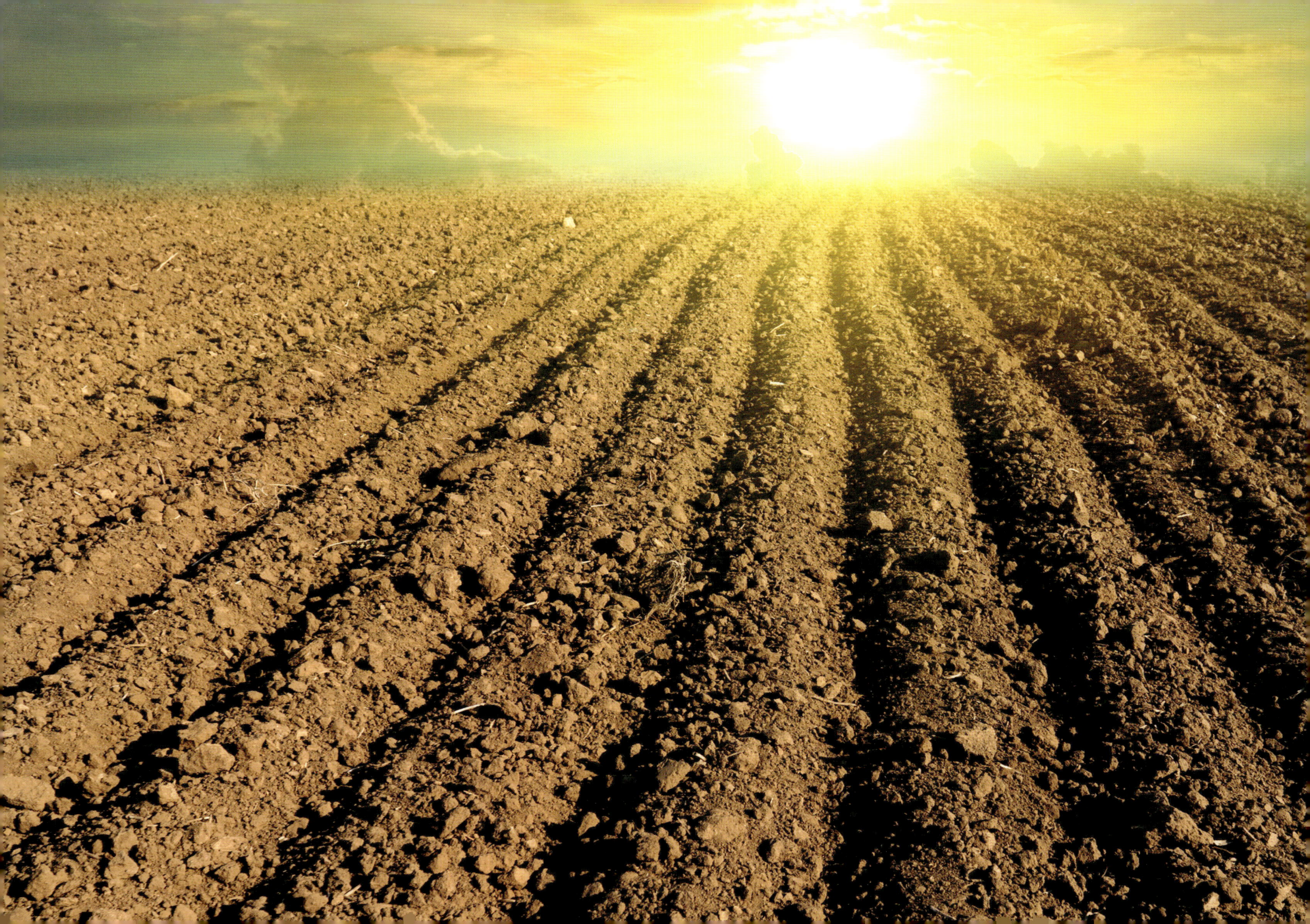

Stell dir vor, Gott ist wie die Erde ...

Alle Pflanzen entspringen aus ihr. Die Erde nährt die Pflanzen, trägt sie und gibt ihnen Halt. Sie ist der Boden, aus dem heraus sie wachsen können.

Und wenn die Zeit gekommen ist, nimmt die Erde alles, was ihr entsprungen ist wieder auf, transformiert es, damit daraus wiederum neues Leben entstehen kann.

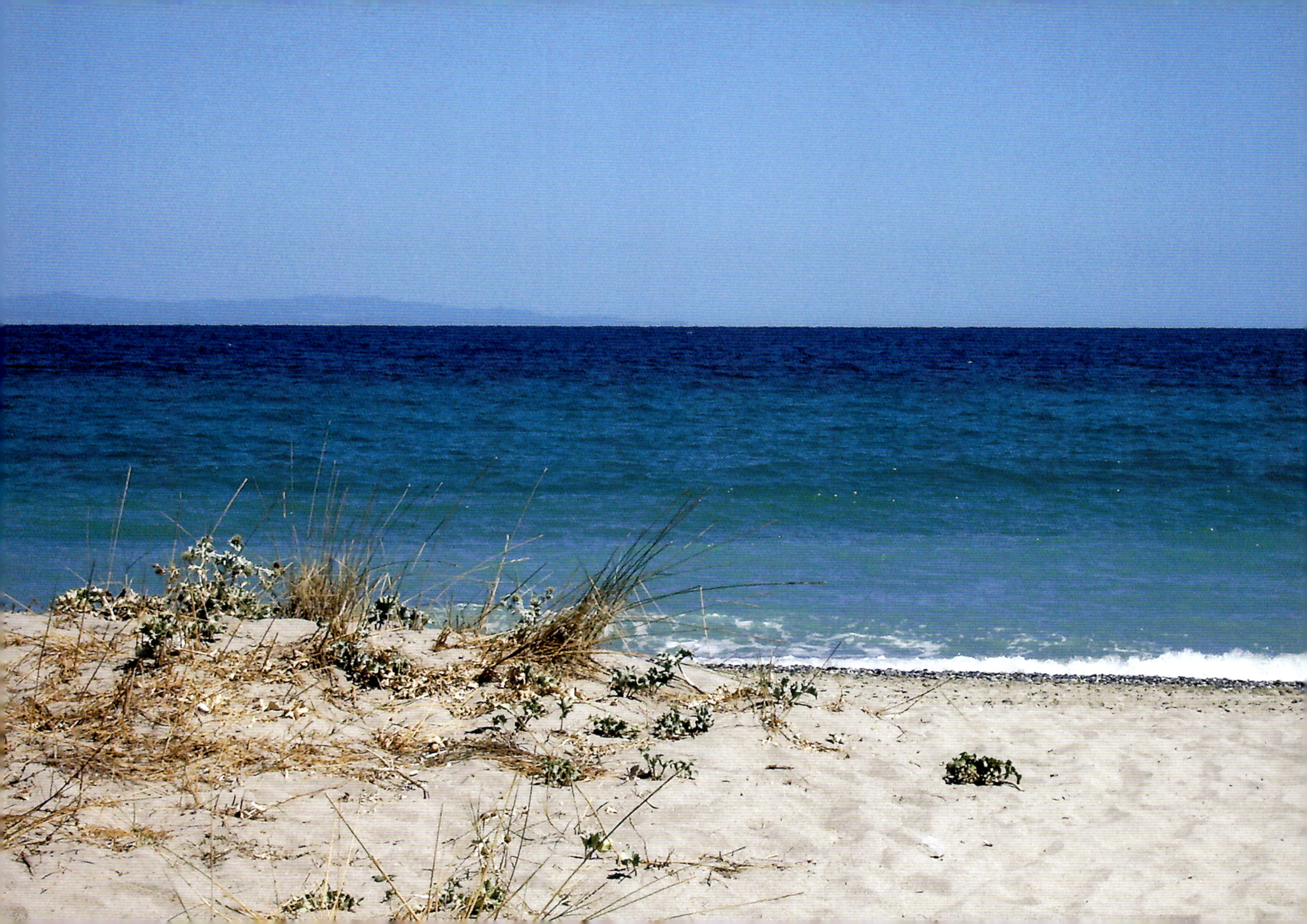

Stell Dir vor, Gott ist wie das Wasser ...

unendlich weit –
  unendlich tief –
    unendlich weich und nachgiebig ...

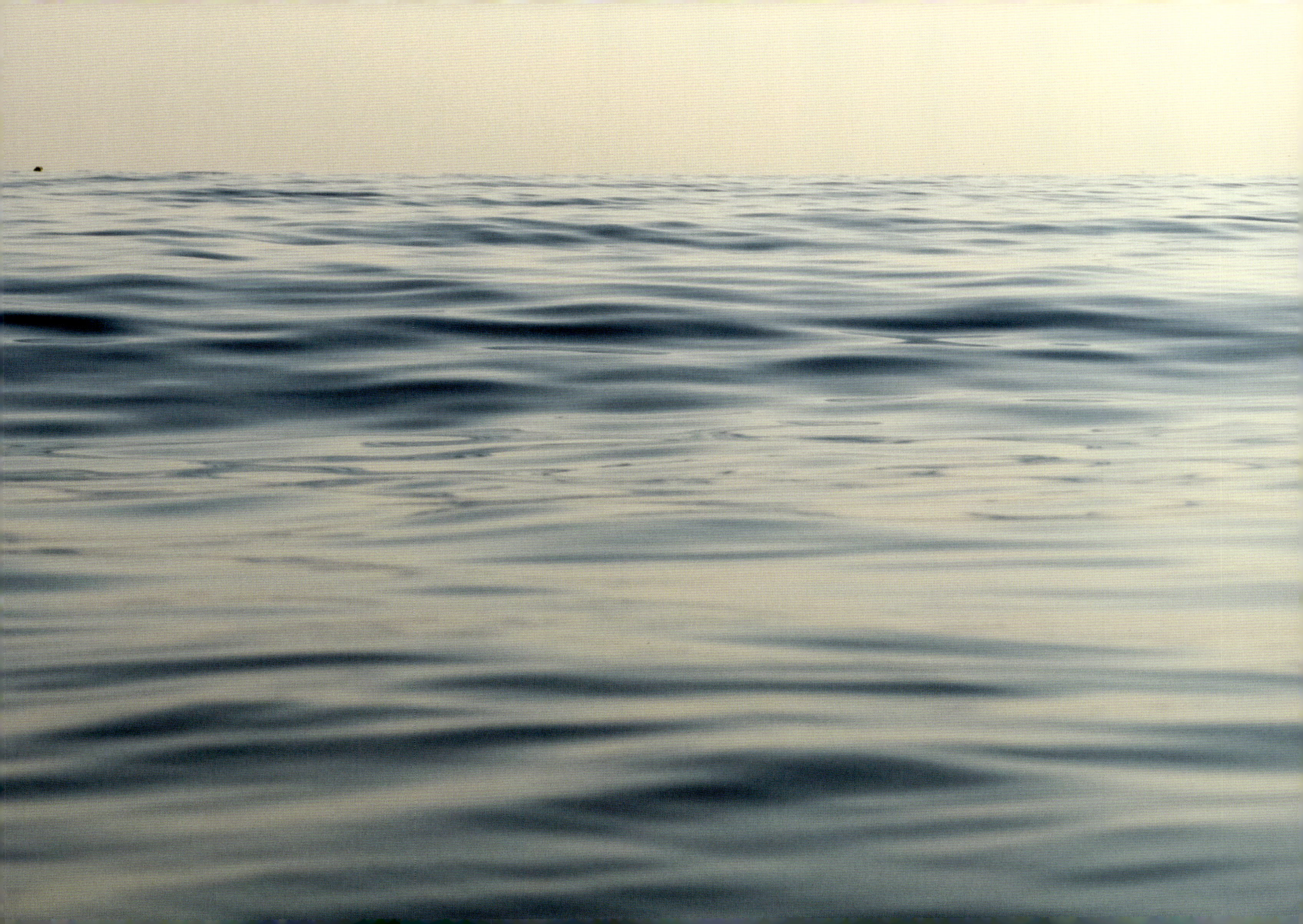

*Und doch so kraftvoll und stark,
dass es selbst Steine formen kann.*

Egal, in welcher Form das Wasser sich zeigt.
Ob als Nebel, als Schnee, als Tropfen oder als Kristall.
In seiner Grundsubstanz bleibt es doch immer Wasser.

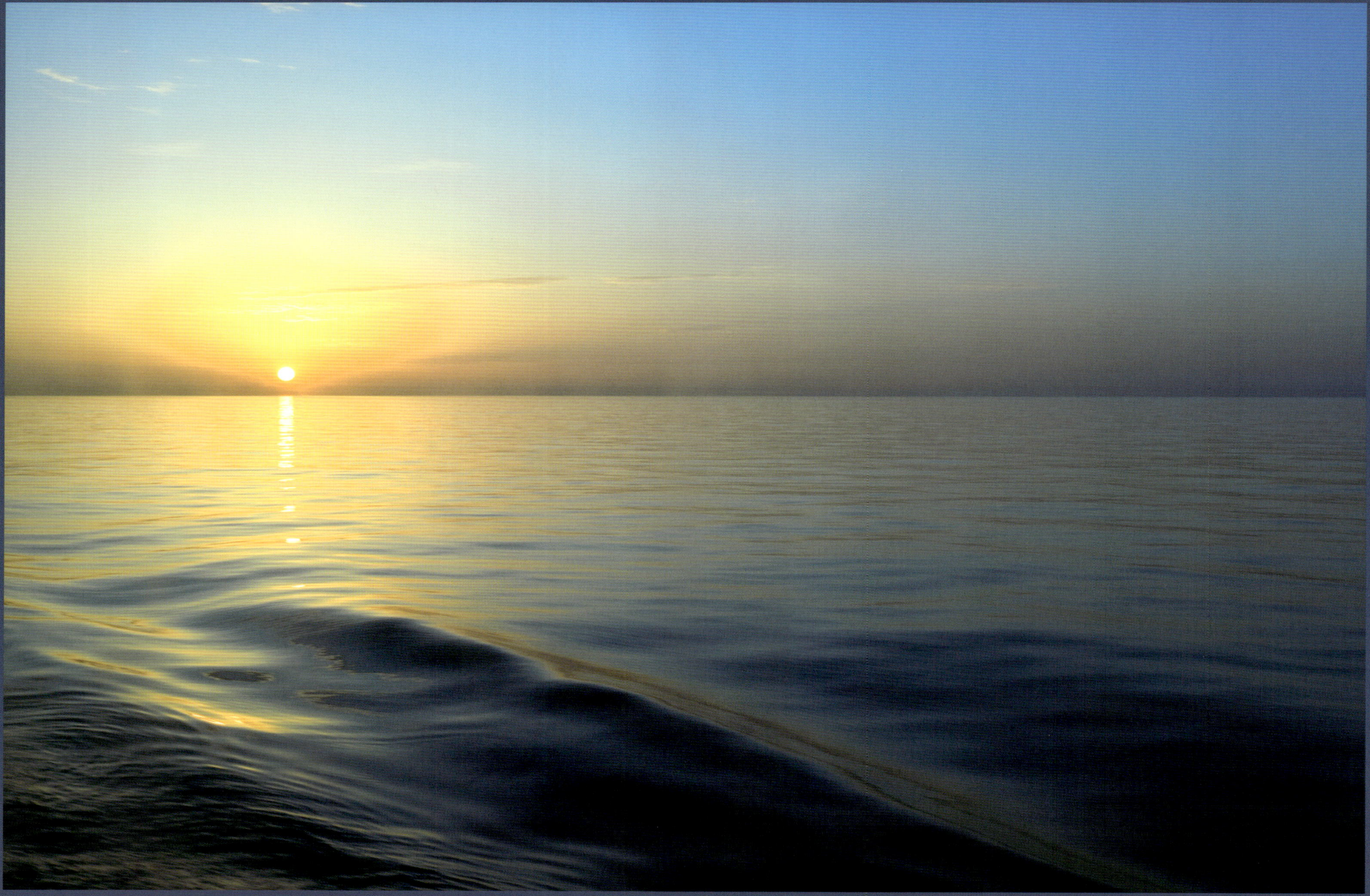

*So ist es auch mit uns Menschen.
In welcher Form auch immer wir leben,
welchem Glauben auch immer wir folgen.
Wir sind und bleiben göttlichen Ursprungs.*

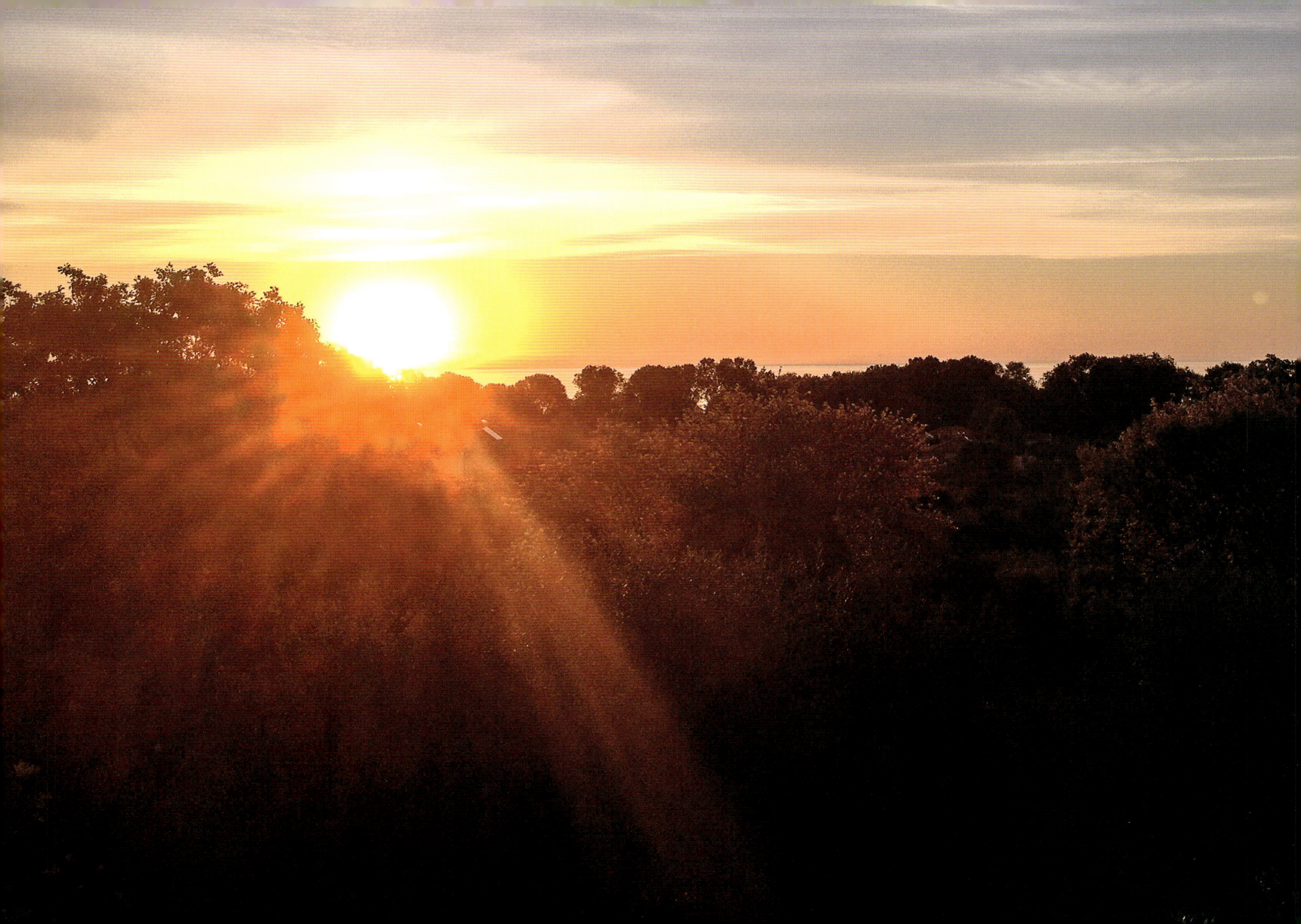

Stell Dir vor, Gott ist wie die Sonne ...

Sie erhellt das ganze Land.

*Ohne Ausnahme
scheint sie warm und hell
für alle Lebewesen –
ohne zu unterscheiden,
ob christlich, buddhistisch
oder jüdisch …*

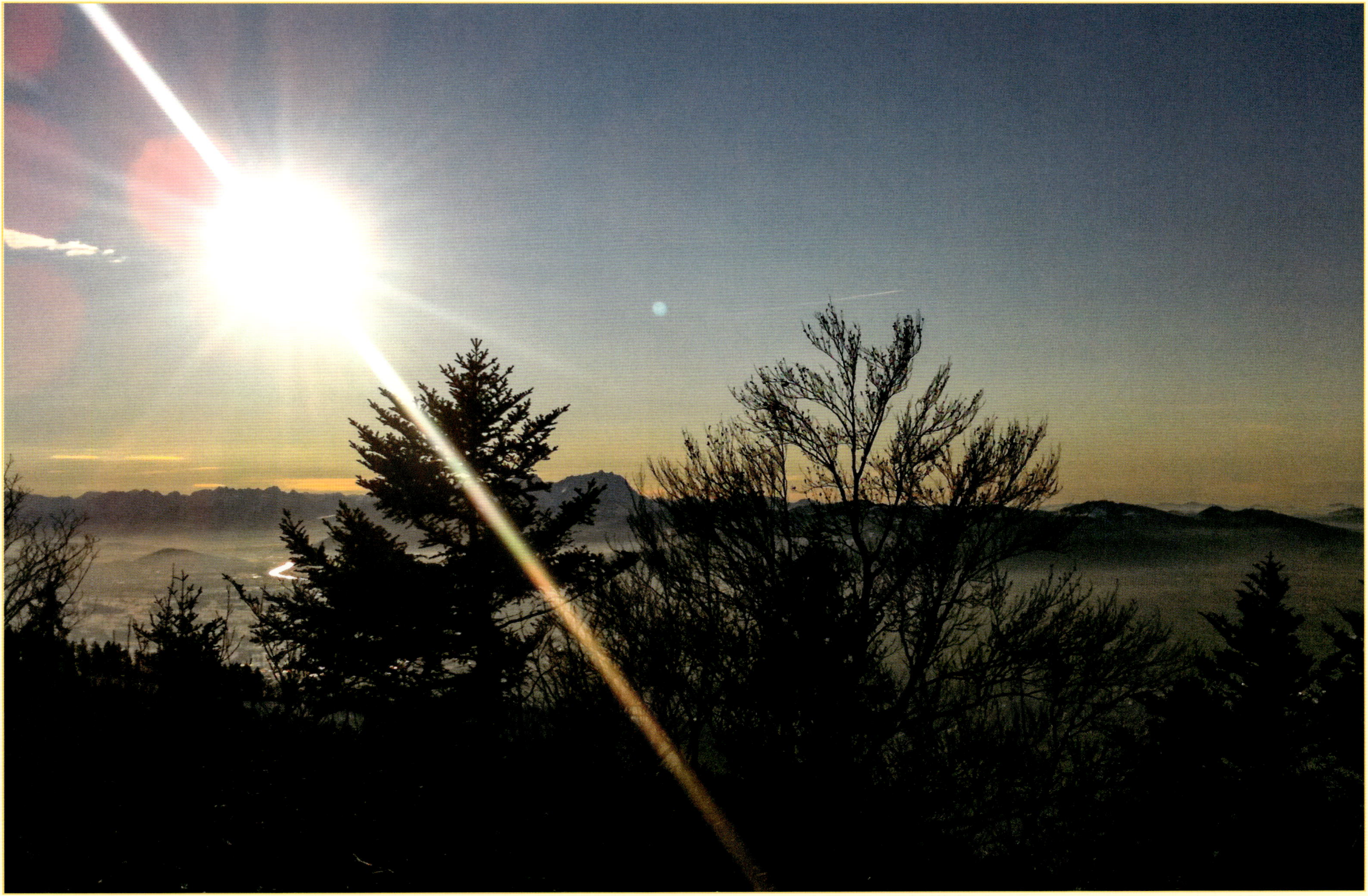

Sie strahlt ihre Kraft aus und wünscht sich, dass alle Pflanzen ihre ganze Kraft und Schönheit entfalten. Sicher freut sie sich sogar an der Vielfalt der Pflanzen.

Wie öde würde es aussehen, wenn überall nur eine einzige Blumenart wachsen würde.

*Jeder Mensch ist wie eine einzigartige Blume,
die dazu bestimmt ist zu wachsen,
sich zu entfalten und ihre ganz persönliche
Schönheit zu entwickeln und der Welt zu schenken.*

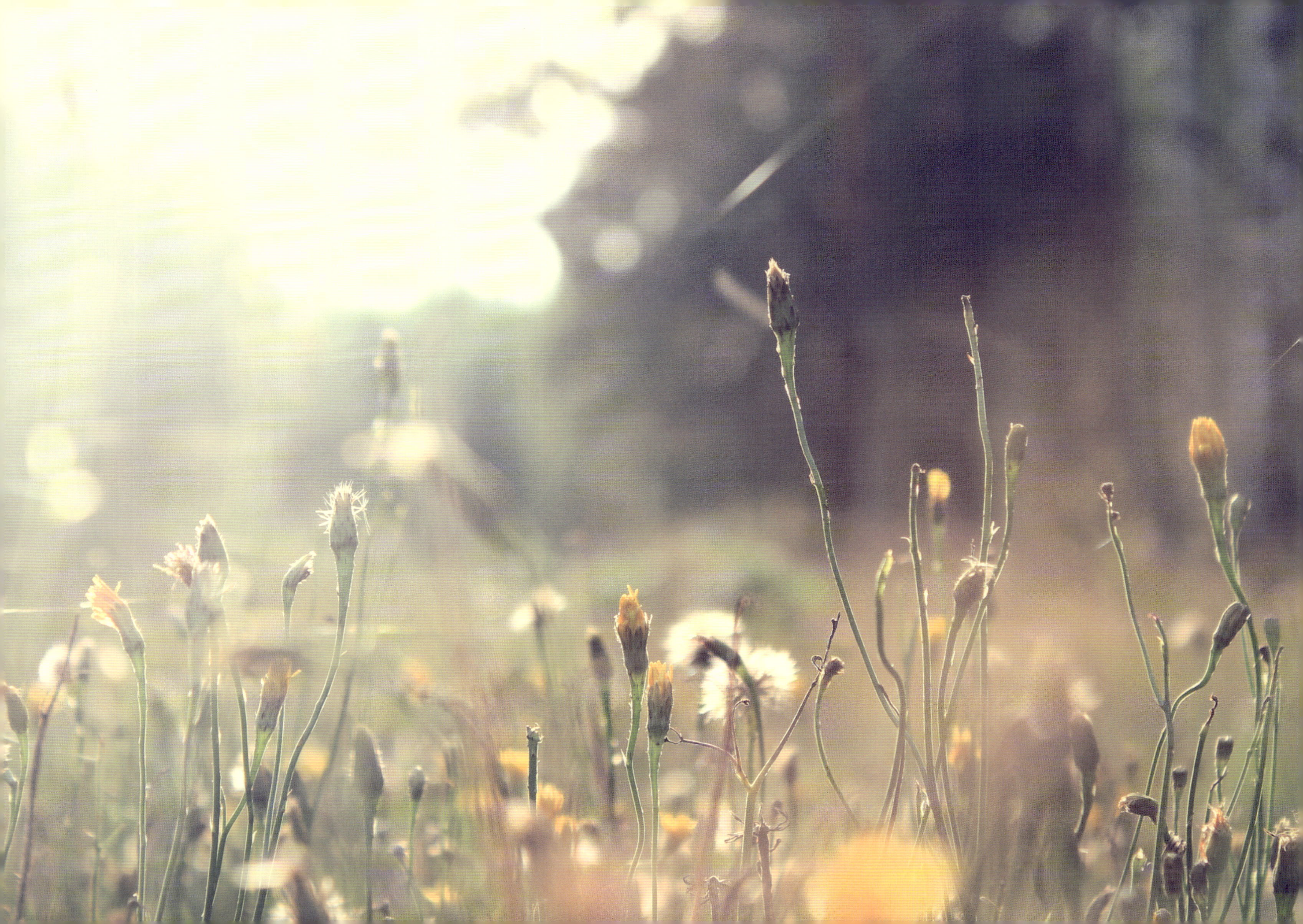

*Jede Blumenart könnte man
mit einer Religion vergleichen.
Die Rosen sind Christen,
die Lotusblüten sind Taoisten,
Wiesenblumen sind Buddhisten,
Lilien sind Juden, und so weiter.*

*Manchmal dauert es einige Zeit,
bis wir erforscht haben,
welche Blume wir sind,
was wir brauchen, um wachsen
zu können und welche Aufgabe
wir hier in der Welt haben.*

*So wie jedes Gänseblümchen ganz und gar
Gänseblümchen ist, so möchte Gott,
dass wir ganz und gar wir selbst sind.*

*Dadurch sind wir ihm ganz nahe
und tragen seine Göttlichkeit in die Welt
durch unser aufmerksames Verhalten
und unsere Liebe.*

*Die Herausforderung des Lebens besteht darin,
herauszufinden, welche Blume wir sind
und was Gott mit uns geplant hat.
Was ist seine Vorstellung vom Wesen und der Aufgabe
eines Menschen hier auf dieser Welt?*

Wenn Du das herausgefunden hast, dann strebe danach so zu sein, wie Gott Dich gemeint hat.
Dann bist Du automatisch die, die Du sein sollst und die ihren Beitrag zur Schönheit und Vielfalt in der Welt und in der Gemeinschaft beiträgt.

Glaube mir, in Dir steckt unglaublich viel Potenzial. Du bist unendlich mehr, als Du Dir jetzt vorstellen kannst. Und es ist Deine Aufgabe, herauszufinden was und wer Du wirklich bist.

*Deshalb tanke Dich immer wieder auf.
Für die Blumen ist es die Sonne.
Ihr Licht schenkt Wachstum und Leben.
Für uns Menschen ist es der innere Kontakt zum Göttlichen.
Nimm Dir Zeit für Gott durch Stille und Gebet und horch,
was von innen kommt.*

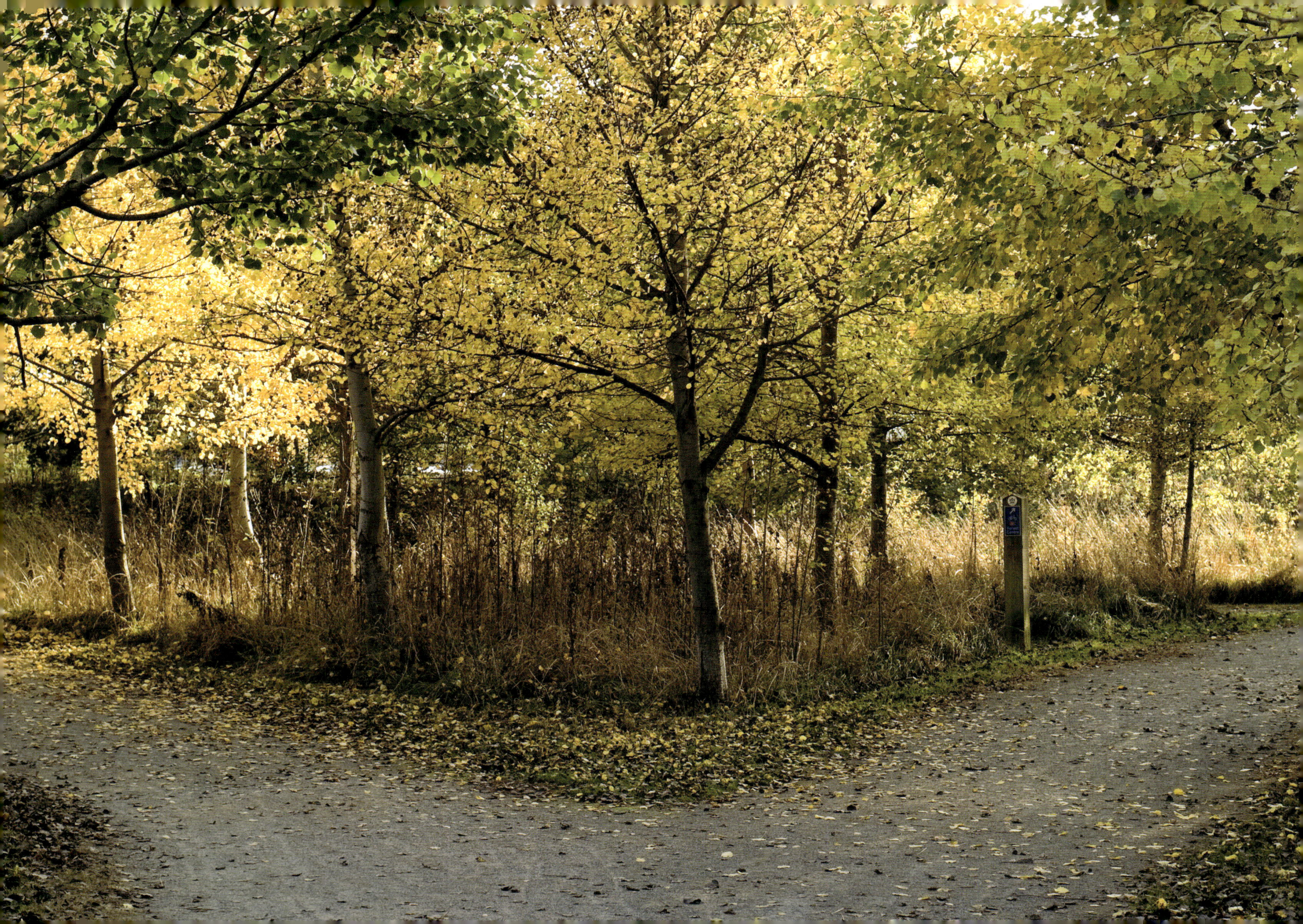

*Welchen Weg auch immer Du gehen magst,
mögen Liebe, Achtsamkeit und Mitgefühl
die Grundsäulen Deines Lebensweges sein.*

Über die Autorin

Seit 1992 beschäftigt sich Sabine Mayerhofer mit Bewegungskünsten wie Tai Ji, Qi Gong, Yoga, als auch mit spirituellen Übungen wie Meditation und Psychosynthese. Sie unterrichtet dies in eigenen Kursen, Kliniken sowie in Firmen und Ausbildungseinrichtungen. Bei ihrer Arbeit geht es immer um den Kontakt mit dem eigenen Körper, dem eigenen, individuellen Wesen und dem tieferen Sinn des Menschseins. Zu ihrer Arbeit hat sie DVDs herausgebracht unter dem Namen „Reisen durch die Landschaften der Seele".
Das Buch ist entstanden für ihre 9-jährige Tochter, um ihr ein Gottesbild anzubieten, das alle Religionen nebeneinander stehen lässt. Ein aktuelles Thema unserer Zeit.

www.tao-art.de

Die vier Jahreszeiten –
Qi Gong, Massage, Meditation, Psychosynthese

4 DVDs
24,95 Euro pro Stück
85,00 Euro alle 4 DVDs
zu bestellen auf
www.tao-art.de

Alle Rechte vorbehalten:
Kein Teil dieses Werkes darf ohne schriftliche Einwilligung des Autors in irgendeiner Form (Fotokopie, Mikrofilm oder ein anderes Verfahren) reproduziert oder unter Verwendung elektronischer Systeme verarbeitet, vervielfältigt oder verbreitet werden.

Bildnachweise:
Umschlag vorne und Seite 33: Fotolia/Thaut Images, Seite 4-5: Fotolia/Dmytro Kosmenko, Seite 6-7: Fotolia/Smileus, Seite 8-9: Shutterstock/Smileus, Seite 10: Shutterstock/Pavelk, Seite 12: Shutterstock/amenic181, Seite 13: Shutterstock/Smileus, Seite 14, 17, 18, 22, 25, Umschlag hinten: Sabine Mayerhofer, Seite 18: Shutterstock/Janis Smits, Shutterstock/Igor Plotnikov, Shutterstock/Alexey U, Seite 19: Shutterstock/Grygorii Lykhatskyi, Shutterstock/Tom Pavlasek, Shutterstock/Mike Richter, Seite 20: Shutterstock/Pavel L Photo and Video, Seite 26: Shutterstock/kritskaya, Seite 27: Shutterstock/elegeyda, Shutterstock/volkova natalia, Shutterstock/Tiberiu Sahlean, Seite 28: Shutterstock/nature photos, Seite 29: Shutterstock/Alin Brotea, Seite 30: Shutterstock/lola1960, Seite 31: Shutterstock/melis, Seite 32: Fotolia/Calin Tatu, Seite 34: Shutterstock/costall,
Seite 36: Portrait: Angie Ehinger